中华中医昆仑

印会河学术评传

张镜源◎主编

中国盲文出版社

图书在版编目（CIP）数据

印会河学术评传（大字版）/ 张镜源主编．—北京：中国盲文出版社，2015.12

（中华中医昆仑）

ISBN 978-7-5002-6877-2

Ⅰ．①印…　Ⅱ．①张…　Ⅲ．①印会河（1923～2012）—评传　Ⅳ．①K826.2

中国版本图书馆 CIP 数据核字（2015）第 309055 号

印会河学术评传

主　　编：张镜源
责任编辑：刘珍珍
出版发行：中国盲文出版社
社　　址：北京市西城区太平街甲 6 号
邮政编码：100050
印　　刷：北京华联印刷有限公司
经　　销：新华书店
开　　本：700×1000　1/16
字　　数：42 千字
印　　张：6.5
版　　次：2015 年 12 月第 1 版　2015 年 12 月第 1 次印刷
书　　号：ISBN 978-7-5002-6877-2/K·481
定　　价：12.00 元
销售服务热线：（010）83190297　83190289　83190292

前言

中医药是中华民族的伟大创造，是世界医学宝库中的夺目瑰宝，数千年来为中华民族的繁衍昌盛作出了巨大的不可磨灭的贡献，至今仍是中国医药卫生事业不可分割的重要组成部分，在维护民族体魄康健、促进经济社会发展中发挥着不可替代的作用。

中医药学，是中华传统文化和科技文明的结晶，是勤劳聪慧的中华儿女在几千年生产生活实践中，在与疾病作斗争的过程中，创造的独具特色的医学科学体系。它有着浓郁的民族特色、深厚的文化底蕴和丰富的哲学内涵。经过一代又一代中医药传人、一辈又一辈名医大家的实践探索、薪火传承、总结完善、创新发展，逐步形成了系统的理论体系、独特的诊疗方法、丰富的医学内容、实用的制药技术。具有疗效确切、用药安全、应诊灵活、普适简廉和预防保健作用显著的巨大优势，在世界医学之林独树一帜，为人类的文明进步与医疗保健事业，已经并正在作出积极的贡献。

为了弘扬中华民族传统文化，彰显中医药学家的丰功伟绩，当代中医药发展研究中心与中国文学艺术界联合会、国家中医药管理局新闻办公室、中华中医药学会、中国中医科学院、北京中医药大学、世界中医药学会联合会等精诚合作，在国家中医药管理局的支持和指导下，为中华近现代百年来贡献卓著、深受敬仰的150位中医药学家，编撰出版了这部大型传记丛书。丛书采用评传体裁，记载他们的生平事迹、医术专长、学术思想、传承教育、医风医德、养生之道和突出贡献，使这些宝贵的医学成就和精神财富发扬光大，千古流芳。

从书取名《中华中医昆仑》。昆仑山，被尊为“万山之祖”，柱西北而瞰东南，立中国而凭世界，凌驾乾坤，巍然屹立。以其高峻豪迈、绵延起伏的磅礴气势，寓意中华中医药学历史悠久、博大精深和永不衰竭；以其挺拔雄伟、高耸入云的恢弘气魄，彪炳一代中医药学家的丰功伟绩、杰出贡献和不朽勋业。

从书入选传主，从全国范围推荐遴选，遍及中医药界各个领域。有临床家、理论家、药学家、教育家、医史文献学家；有名师亲授、世医家教、学派传人、院校毕业和自学成才者；有师徒并驾、父子齐名和伉俪联袂者。他们学术造诣深厚、诊疗技术精湛、临床经验丰富、学科地位崇高、科研成果丰硕、医风医德高尚、国内外影响较大，从医学理论到临床实践，为中医药事业的传承和发展作出了突出贡献，是近现代百年来中华中医药界的杰出代表。

丛书的出版，对于弘扬中华文化，振兴中医药事业，造就中医药人才，普及中医药知识，具有重要的现实意义和深远的历史意义。这是一项开创性工作，填补了我国为著名中医药学家大规模撰写传记的空白；也是一项抢救性工作，因入选传主已仙逝过半，许多亲历、亲见、亲闻的史料日见散逸，将之收集整理、编撰成书，功垂后世、利国利民；更是一项承前启后的工作，总结传主经验，传承中医药伟业，继往开来，光耀世界医学之林。这部医文结合，富蕴历史性、学术性、文学性和实用性的鸿篇巨制，对医疗、卫生、科研、教育及全球关注中华中医药文化的各界人士，都有重要的参考和阅读价值。

丛书的编撰出版，是一项巨大的中医药文

化建设工程，在策划、撰写、编辑、出版过程中，自始至终得到了国家有关领导、政府部门及社会各界人士的关心和支持。国家中医药管理局高度重视，并组织专家对全书进行终审；数百名专家、学者亲临指导，参与规划；有关省、市、自治区卫生厅、局、中医局（处）给予大力帮助；传主及其亲属、弟子热情支持、密切配合；撰稿人深情满怀、辛勤笔耕；编审专家尽心竭力、精工细琢；关爱中医药事业的企业家热心公益、慷慨资助；全体工作人员不辞辛劳、无私奉献，这一切使丛书得以顺利出版。对此，我们深表谢意。

由于时间紧迫和资料搜集困难，加之水平有限，难免有疏误之处，敬请广大读者批评指正。

中华中医药学，历史悠久，源远流长，发端于远古，奔向于未来。百年对于历史，不过是短暂的瞬间；百人对于万众，不过是沧海一粟。然本丛书所记载的百年百人，则无疑是波澜壮阔的中医药发展史上辉煌的篇章和光芒闪烁的璀璨星辰。

张镜源

目录

中医要勇于变革，敢于创新，要有意识地吸收和应用现代科学技术，剖析和验证中医学的科学内涵，发展中医，造福人类。

——印会河

印会河，名石，字枕流，1923年出生，江苏省靖江市人，著名中医学家、临床家。13岁开始学医，已从事医疗工作70余年。1928～1934年，念私塾。初中毕业后随父学医。1940年，悬壶靖江。1943～1945年，在江苏武进开诊所。1946～1949年，通过上海市中医考试，取得开业执照后在上海行医。1956年，任江苏省中医进修学校（南京中医药大学前身）中医教学业务组长兼金匮教研室组长。1957～1984年，奉调率队支援北京中医学院，历任金匮教研室主任、附属东直门医院医务部主任兼内科教研室主任、温病教研室主任、中医基础教研室主任。第一批被评为中医教授职称，第一批享受国务院政府特殊津贴，第一批被授予全国老中医药专家学术经验继承工作指导老师称号。

1984 年，任中日友好医院副院长、学术委员会副主任、中央首长保健医生。1994 年 7 月，被聘为国际肝病研究协作交流中心学术委员。2008 年，被评为“首都国医名师”。2009 年 6 月，获得中华中医药学会成就奖，被聘为中华中医药学会终身理事。入选英国剑桥《世界名人录》。

印会河擅长治疗内科疑难杂症，并取得多项科研成果。他治疗晚期梅毒脊髓痨有效率达80%以上；曾治愈我国第一例大肠杆菌肺部感染引起的大面积肺炎，用鹿附汤加人参治愈骨髓炎。他尤其擅长医治肝胆疾病，完成了国家中医药管理局科研项目“开肺气、利三焦”，以自拟“消臌汤”为基本方，治疗慢性肝病、肝硬化，并通过一期临床鉴定。印会河治疗泌尿系统疾病亦卓有成效，他研制的中成药泌感灵（后改名为泌尿宁）通过国家鉴定并已投入临床应用。治疗失眠、神志病也是印会河的长项，曾在美国华尔街为大量患者治愈此病。使用攻下法治疗肠道疾病以及外感热病等也是他的“神来之笔”。印会河通过大量的临床实践提出，从辨证论治到辨病论治到抓主症是解决问题的关键，并总结出抓主症 120 方，这也是他进行中西医结合研究的成果。

印会河在发展中医理论方面进行了诸多的有益探索，对缺乏科学依据的一些中医理论进行针砭，并创立了外感热病的辨治新体系。在用药方面，药味不多，效果显著，让人叹服。他在医疗界有很高声望，学术水平一流，待人真诚，不说假话，性情耿直，从不随波逐流。对学术问题，他抱着实事求是的态度，曾因多次对中医经典发表独到见解，引起一些人的反对，但他依然如故，继续发表文章阐述自己的观点。他坚持中西医结合才是推动中医发展的唯一路径。他满腔赤诚做学问，不计个人得与失。

顽童学医承祖业

1923年8月8日，印会河出生于江苏省靖江县红光乡红英村。他的父亲是当地名医印秉忠。印会河的名字也是有点来历的。那年公历8月8日正好是农历七月初七，因为这一天是传说中牛郎织女银河相会的日子，父亲便给他取名为会河。

小时候的印会河，面皮白净，额头宽阔，大眼睛里透着顽皮和聪慧。父亲为了让这棵好苗子早日成材，5岁就送他去读私塾。私塾先生是他的祖父。去读书的路上，清新的花草香气和啁啾的鸟语，使印会河常常流连不前。有时，他在父母的注视下乖乖地背着书包和小伙伴们出发了，然而这一天的功课却被他改成了自由活动：他在上学路上的一条河里游泳，像小鸭子那样自由自在地戏水，然后在岸边的湿地上打滚，直到用身体滚出一条入水的斜坡！捉鱼、扑蚂蚱、逮蝈蝈、学鸟叫、采野花……他疯玩一天，太阳落山时，在路上迎着下学的小伙伴一同回家。这样，逃课的小把戏就不会被父母察觉，而等父母见到祖父时，祖父已经忘记他旷课的事了。

背诵“四书五经”很让小伙伴们头疼，背不出还常挨先生的手板，所以他们几乎整天困在学堂里背书。顽皮的印会河却常趁祖父午睡时溜出去玩耍，一会儿爬到大树上掏鸟蛋，一会儿给刚出壳的小鸟喂只小虫。玩上一阵子，估计祖父快醒了，便在同伴们此起彼伏的背诵声中悄悄溜回来。等大家昏昏欲睡时，他来了精神，搞起在别人后背衣服上写字的恶作剧。提问他时，他却能倒背如流。祖父望着这个几代单传的男孩，心里很是欢喜。

印会河的私塾学习持续了6年。这6年是充实的，博大丰厚的传统文化如甘霖滋润着他。他一生喜爱的种花、养鸟、书法也是从这时候开始的。当然，他那“顽劣”的性格也更为大家所熟悉：一天，邻家的鸡跑进他家的花圃里，把刚刚露土的小苗毁坏了。愤怒的印会河决定报复，他把河豚鱼籽撒在了苗圃里，并警告邻居管好自己的鸡。可邻居没有把这个孩子的话当真，这些鸡还是欢快地光顾。河豚鱼籽显示出巨大的威力，这些“入侵者”食后纷纷倒地毙命。乡邻无可奈何，只好笑眯眯地喊他去喝鸡汤。

1934年，11岁的印会河在祖父和父亲的指导下，已深入系统地学习了“四书五经”、《左氏春秋》《古文观止》等书。这一年，他插班进入当地的小学学习，并参加了升初中的考试，顺利考进了无锡匡村中学。

抗日战争爆发后，印会河被迫中断学业，回乡从父学医，决心实现祖父与父亲的夙愿：杏林耕耘，造福乡里。

印会河的祖父印玉衡熟读“四书五经”，又长于八股文，在开办私塾之余，对中医有浓厚兴趣，自学了一些中医书籍。他对儿科有一定心得，尤其在小儿推拿方面得心应手，因此一边教书，一边行医。但他毕竟没有经过名师指点，对一些病症不敢放手用药，留有许多遗憾。他把自己的期望寄托在下一代身上，把自己推崇的中医书籍，如《内经知要》《伤寒论浅注》《金匮要略浅注》《医宗必读》《医学心悟》《温病条辨》《汤头歌诀》《小儿推拿广义》《幼科铁镜》等让印会河的父亲印秉忠熟读或背诵。他总结自己的经验教训，又让印秉忠拜孟河名医王理唐先生为师，学习内科杂病知识 3 年之久。王理唐先生悉心传授临床经验，再加上印秉忠自己掌握的经验理论，同时又得到清末名医费伯雄的指点，之后又师从靖江人称“龚老四”的名医学习外科内托法等技术，印秉忠进步很快，医术水平不断提高。经过近5年的临床学习后，印秉忠声名鹊起，已经成为靖江县有名的中医了。

有了前辈的苦读与钻研探索，印会河自然少走了很多弯路。父亲印秉忠根据自己学医的经验体会，认为初学中医不应从《黄帝内经》《难经》《伤寒论》《金匮要略》入手，这些书籍深奥而不易掌握，还不如从适用于临床实践的《汤头歌诀》《医学心悟》《医宗必读》《温病条辨》等学起。其中哪些章节（包括注引的方义、汤药等）要熟背，哪些通读即可，哪些与实际不符应摒弃，印会河都得到父亲的悉心指导。

生性活泼好动的少年印会河刚接触到枯燥的医学理论时，自然感到很乏味，加上医书中满页都是摸不着头脑的“阴阳”、“五行”和“四气”、“五味”等名词术语，让印会河打了无数次“退堂鼓”。然而祖辈、父辈的殷殷期望与谆谆教导又让他一次次地坚持下来。

半年过去了，印会河已经把父亲布置的启蒙书籍学习完毕。他有了一定的基础之后，父亲又开列了新的书单，要求他重点背诵并加深理解，像《医学心悟》的“医门八法”，“寒热、虚实、表里、阴阳辨”和症状病理；《医宗必读》的多篇医论，以及该书的本草、脉诀；《温病条辨》的上、中、下三焦篇等；还令他精读孟河费氏薪传的《医醇賸义》。在研读中医书籍的同时，父亲让他上午侍诊抄方，下午随同出诊。父亲对病人的细心诊断、大胆用药与显著的疗效让少年印会河很是佩服。例如很简单的失眠、多梦，书本上一般把它归到“心”的病类中（因心主神明），不是“养心”、“补心”，就是“清心”、“安神”。可是父亲根本不用这些，而是把重点放在治“痰”上面，轻则“二陈”、“清胆”，重则“滚痰”、“导痰”，收效一般都很好。又如治外感热病，明明是发热、恶寒、身痛无汗、脉浮紧数等一派“太阳表证”，可父亲从来不用麻、桂、青龙，用的却是银翘、桑菊合方，最多配进去一点苏叶、浮萍。

父亲告诉他，读书的目的是治病，“尽信书不如无书”，只有经临床验证了的理论才能相信。父亲的告诫让印会河认识到，只有通过临床实践，才能掌握解决问题的真本事。

在跟从父亲学习临床诊病治疗的过程中，印会河深深地感受到各种疾病给乡里百姓带来的诸多痛苦，而为百姓赶走病魔，又是一件多么有意义的事！这是优秀男儿义不容辞的责任！心中装有百姓的疾苦，十几岁的印会河变得少年老成，他从此坚定了自己从医的志向。

父亲见印会河学医的兴致越发浓厚，便深入引导。他告诉印会河要掌握两个学习的重点：一要多读医案，二要多向当代中医学习。印秉忠指出，叶天士的《临证指南医案》是一部好医案，轻清灵活，有大家风范。但须注意：这些医案是在叶天士成名以后，由他的学生们随诊、侍诊积累起来的。由于每天看病数百人，不可能每个病人都诊察得很细致，于是他的处方失于轻描淡写。用于内科调理很好，但靠他的处方治急病、大病就显不足，这是功成名就的“守派”典型。初出茅庐的年轻人仅靠前人的处方来创业是不够的，要多读《柳选四家医案》，尤其是尤在泾的《静香楼医案》。印秉忠认为，周围的同道不一定都很高明，但其中确实有不错的，要善于发现并学其所长，要掌握一种无声的学习方法，那就是千方百计多看别人的处方。

每逢农历二、五、八、十等集市日，父亲便让印会河去中药铺翻检患者抓药的各类处方，学习诸家经验。另外，父亲还让印会河每次门诊或出诊时，一定要查看前一个医生给病人开出的处方，以找到其方不能取效的缘由。更重要的是，要查看自己治疗效果不理想，换了别人却治好了的处方，这样才能学到别人的经验。这些经验之谈让印会河一生受用，他从此形成了集诸家所长，不囿于门户偏见的开放胸怀。

十四五岁的印会河用心钻研医学，每逢赶集日，他总是出现在集镇药房的柜台旁，主动向患者要来药方看，一边询问病情和疗效，一边思考药方的构成和药理。晚上回家后，印会河还把白天抄录的病例整理下来，仔细研究，遇有不明白处就向父亲请教。这样三两年的光景，印会河抄录病例4000多个，整理验方500多首，记下的学习笔记有几十本。

百般磨砺始成金

1938年，15岁的印会河在父亲的苦心培育下，经过侍诊抄方、口述录方到独立看病开方几个阶段的锻炼，已经能够独自应诊。印会河第一次独立看病，所看的病人是夏季暑湿症，古称阴暑。患者吐、泻，四肢僵冷，心绪烦躁，口渴，喝水又呕吐出来，汗出不止，面色苍白，精神萎靡，脉细微欲绝。对这类病症，印会河还没有经历过。他面无波澜，头脑里却在不停地检索着存储，猛然间记起《温病条辨》里有“湿伤脾胃两阳，既吐且利，寒多不欲饮水者，理中汤主之”，于是用重剂理中汤（出自张仲景的《伤寒论》，由人参、干姜、白术、炙甘草组成），不加不减。果然，病人只服药一剂就痊愈了。这一次药到病除的经历很快在乡里传开了，也让年少的印会河有了一点小名气。

印会河的父亲为人真诚厚道，对病人不分高低贵贱一视同仁，遇见没钱看病的人就免费救治，对没钱抓药的穷苦百姓则慷慨解囊。他高超的医术和高尚的医德使来印家诊所看病的人比肩继踵。父亲忙不过来时，印会河就帮忙诊治。时间长了，印会河也树立起了自己的口碑：治疗内科杂症立竿见影。乡人亲切地称他“小印先生”。

印家家风淳朴忠厚，乐于助人。有一年，一个做豆腐的邻居家里着了大火，家当毁于一旦，幼小的孩子在啼哭，老人在悲啼。房子烧掉了，一家人连做饭的地方都没有。印家人非常同情他们，每日母亲做好饭菜装在竹篮里，让年少的印会河提着送去。印会河的父母就是通过这样的点滴小事培养孩子仁善、忠厚的品德。

1940年，17岁的印会河在家乡靖江挂起“内外大小方脉”之牌，独立悬壶应诊。他对每一位患者都悉心诊治，用药大胆得当，开业两年就有了“江南小名医”的美誉。

为增进学业，1941～1943年，印会河曾经两次去常州武进访求名师。

从明末清初至清末民初的200多年间，常州武进孟河镇名医云集，医业鼎盛，全国各地慕名前来求医者成千上万，小镇附近的江河岸边终年挤满求医者的船只，成为远近一大景观。镇上诊所、药铺林林总总，内、外、妇、儿、疡科、喉科一应俱全。印会河的父亲曾经得到武进四大名医之一费伯雄的指点，因此提醒印会河，此去前辈家乡应格外虚心慎重，也提醒他江南人体质较北方人纤弱，用药应轻灵。父亲又叮嘱印会河，所到之处要“入乡问俗”，要到各药店翻看处方，掌握当地医生的用药特点。

第一次去武进，印会河按照父亲的指点，不辞辛苦，虚心学习，一路下来收获颇多。

1943 年，印会河与父亲一同前往武进，并在武进郑陆桥镇开业。两年间诊所业务开展得很顺利，尤其是治疗晚期血吸虫病疗效显著，印家父子的影响扩大到百里之外的无锡、江阴县境。

印家父子的诊所越来越兴旺，不料却惹得当地一个姓陈的恶霸十分嫉妒，他心生歹意，寻衅敲诈。陈姓恶霸号称要修缮镇内庙宇，强迫印氏父子二人交 3 万块砖、3 万块瓦，否则立即封他们的门。强龙压不住地头蛇，印秉忠觉得地头蛇惹不起，便决定离开这个是非之地，去三河口小镇行医。生性刚直的印会河却不肯妥协，更不愿让辛苦打下的基础付之东流。一个要走，一个执意要留下，父子二人争执不下，年轻气盛的印会河一赌气，独自去了上海。

1945 年，初到上海的印会河正赶上国民政府举行中医考试，如果考试合格，就发给上海市行医执照。印会河决定赴考。他功底深厚，一考就过了！他还来不及充分品味成功的喜悦，就为现实的生计问题苦恼上了。初到大上海，他可谓形单影只，一个乡村中医，该如何生存又如何扎根呢？此时他不但没钱租赁诊所，就连吃饭也成了问题。

在乡里时，印会河家道殷实，祖父留下房产 14 间，房后是一大片茂密的竹林，父子行医，吃穿不愁，可谓悠然自得。而此刻他要在大上海白手起家，该从何处着手呢？22 岁的印会河毕竟有过少年学医的苦读、自立门户的经历和外出游学的磨练，因此，面对新的环境和困难，他没有太多的畏惧，而是怀着不图一夜成名、但求长进本领、学习各家所长的平和心态，通过亲友介绍患者应诊，在没有病人的时候，就到妹夫工作的闸北区中药店去翻检处方。通过一段时间的揣摩，印会河渐渐掌握了当时上海各路名家的一些医疗特点和用药规律。

一次，亲友介绍来一个姓高的女同乡，她患了肠伤寒。印会河用以往的方法治疗了几日，病情反复，效果不理想。病人听说上海有一位治疗伤寒的名家“张聋棒”，便有了去他那里诊治的想法。印会河欣然同意，并陪同病人一同前往。“张聋棒”诊所里看病的人很多，印会河挤在离张老医生不远的地方，仔细聆听他向侍诊的徒弟口述方药。张老医生只开了七八味药，药味不多，药量也不大，无非苦燥清解、芳香化浊之品，类似于甘露消毒丹的减制。印会河前后去了几次，观摩了 30 多张处方，基本上吃透了张老先生治疗伤寒的路子。

后来，印会河又听说上海有位姓王的“神医”，一天能挂 240 个号，可以两手诊脉，于是他又悄悄地跑去观摩。他发现王医生的神奇在于问诊，问出主症就开方，所以看病既快又好。

这些经验印会河记在心里，为他以后总结的“抓主症”奠定了基础。

印会河没钱买房，也交不起租金，只好暂借朋友的一间小屋接待病人。一次，上海某大报记者在亲友的介绍下，半信半疑地踏进了印会河的小诊所。这位记者患溃疡性结肠炎 20 多年，经常腹痛，便中带有大量黏垢，食油腻过多或者遇冷遇热时，腹痛就会加剧，大便次数增多，甚至出现脓血便，找中西医治疗多次，均无明显效果。印会河听患者自述后为其诊察，认定患者是湿滞肠道，气血凝结，应用通因通用法，以木香导滞丸做汤通肠祛垢。印会河开出了 9 味药：槟榔 9g，木香 6g，枳壳 9g，大黄 9g，黄连 12g，神曲 9g，茯苓 9g，生苡仁 30g，泽泻 9g。患者回家服了 6 剂，病情缓解，又服 6 剂，病症竟然消失了。这位患者逢人称奇，还写了一篇文章报道印会河的高超医术。就这样，印会河靠自己的实力，再加上媒体的宣传，他的小小诊所渐渐兴旺起来了。

印会河医术好，又年轻，不少人打算给他介绍对象。一天，烈日当头，印会河正在诊所为人看病，一个自称受上海外滩高老板之托的媒人跨进诊所。媒人说，高老板相中了印会河，想把自己的女儿嫁给他。刚开始，印会河还耐着性子听，可是这位媒人居高临下的姿态越来越让他生厌：什么这是高老板看得起你啊，你能找上高小姐是你家烧了高香啊……终于，血气方刚的印会河按捺不住内心的羞愤，拍案而起，把媒人“请”了出去……这件事惹怒了那位高老板，几次派人上门挑衅。印会河年纪轻轻没有靠山，但是他的医术与医德已为群众熟知，看到他受欺辱，一些素不相识的人多次站出来打抱不平，使他摆脱了这场纠缠。

印会河在上海一晃3年有余，独在异乡为异客，生活上自然是吃了不少苦头，可喜的是他医术有所长进，诊所业务也拓展得不错，方方面面已大体适应。正在业务稳步发展之时，形势发生大变，1949 年初春，上海面临战事，印会河便雇舟返回了家乡靖江。

医教园里耕耘忙

岁月如歌，吟唱不绝。1954 年，印会河从上海返回家乡行医已五载。他担任了靖江县太和中心联合诊所主任。从 13 岁学医到 17 岁独立行医，之后边行医边游学，印会河已经成长为沉稳干练的“江南名医”了，此时他刚刚 31 岁。

这年春，一个新的机遇使得印会河的人生轨迹发生了改变——他被选派到扬州地区中心医院学习西医。年末，他又参加江苏省中医进修学校（后改名为南京中医学院，现为南京中医药大学）考试，并顺利入选该校的师资班，毕业后留校任教。这个乡村青年没想到，自己在大上海扎根的愿望落空了，却如此顺利地迈进了南京的高等中医院校。这样的人生机遇是印氏家族任何人都没有想到的。一种喜悦与振奋的激情在印会河心头洋溢开来，他对即将开始的新生活充满了希望。

中华人民共和国成立后，全国的卫生事业进入了新的发展阶段。毛泽东主席于1954年指出，中医药应当很好地保护与发展。我国的中医药有几千年历史，是祖国极宝贵的财产，如果任其衰落下去，将是我们的罪过；中医书籍应进行整理……如不整理，就会绝版。同年又指示：即时成立中医研究院。1956年5月27日，《人民日报》发表了《积极培养中医，壮大卫生工作队伍》的社论。

根据党中央的指示精神，中医研究机构和中医院校在许多省市相继成立。但是老师们苦于没有像样的教材，授课无从下手，学生们的学习热情也受到很大影响。1957年年初，卫生部中医顾问秦伯未、上海中医学院院长程门雪等中医名流来南京中医进修学校调研，印会河作陪并参加了座谈会。在谈到阻碍中医发展的问题时，印会河率先发言，提出编写教材刻不容缓，尽早改变时下用“四大经典”作为教科书的现状，要把散在诸家典籍中的精华重新整理概括，编写出符合教学要求的中医学教材。这一提议得到与会者的一致赞同。没过多久，卫生部就下达了编写《中医学概论》一书的文件，具体编写工作指派江苏省中医进修学校完成。

由于教学任务繁重，江苏省中医进修学校副校长由昆决定让当时在校的“师资班”学员打头阵，写出一部分样稿送交卫生部审查。结果样稿全部被打了回来，只得重起炉灶，由当时印会河所在的中医教研组负责主编。印会河是教研组的业务组长，所以责无旁贷地担起了重任。他立即着手筹划编写，经常挑灯夜战。样稿写出后，火速送往北京，结果得到表扬。在短短 3 个月里，50 多万字的《中医学概论》

初稿全部完成。这本书作为我国第一部系统的中医理论教材在全国各中医学院校使用，得到普遍好评，多次再版。在江苏省中医进修学校工作期间，印会河还主编出版了《金匮讲义》一书。

1956年8月，北京中医学院（现北京中医药大学）成立，卫生部决定从全国各地抽调30多名中老年名医来学院任教。1957年8月，年仅34岁的印会河被点名作为带队人跨进首都北京，实现了他人生的第二次飞跃。

来到北京，印会河接触到许多来自全国各地的不同流派的中医大家，身处其中，他没有洋洋自得，反而觉得这是自己难得的学习机会。印会河开始着意学习“北京四大名医”，尤其对施今墨老大夫的处方用心揣摩。他认为施今墨用药虽多，但是理路清晰，值得借鉴。

在北京中医学院任教期间，来自各地的中医名士们在用药方面各有理论，常常争执不下。

印会河经过细心研究考证发现，北方中医的用药量大于南方中医。他仔细分析后认为是气候所致，再加上南、北方人的体质也存在很大差异，因而用药也须区别对待。印会河还发现，老中医之间为柴胡一药屡起争端，有人认为柴胡升散劫阴，不宜重用；有人却认为柴胡清降凉润，大剂量无妨。印会河到药店问明底细，原来柴胡品种有六七种之多，南方柴胡多取茎叶，具有升散作用，而北方柴胡取用根部，茎叶与根部品质有异，用法也就不同。此后，印会河在治疗冠心病、风心病、心衰时，柴胡的常用量高达一两，一改以往在家乡时只敢下二三钱的惯用剂量，疗效显著。

1957 年，印会河在北京中医学院任金匮教研室主任，为该教研室的建设和中医临床教学做了大量工作。1958 年，北京中医学院附属东直门医院开院，印会河担任医务部主任兼内科主任。以往积累的临床经验使他在医疗一线如鱼得水，学员们跟着他行医也大开眼界，一些很棘手的内科疑难杂症在印会河手里药到病除。为了规范教学，使学生掌握要领，印会河利用业余时间编写讲义。他吃住都在办公室，不知疲倦，困了就打个盹，之后再继续奋战。

1966年，印会河下放到农村“开门办学”。1978年，他回到北京中医学院并担任了中医基础教研室主任。受卫生部中医司指派，他主编了全国高等中医院校教材《中医基础理论》第五版。这本教材成书之后多次再版，并被译成英文、日文，在国内外获得很高评价。

长年的勤勉求索，使得印会河在事业上成就不凡，格外引人瞩目。1978年，印会河与任应秋、王玉川、刘渡舟、王绵之等被评为北京中医学院的第一批中医教授。同年，中医首次招收研究生，印会河被评定为首批研究生导师。他每周两天乘公交车到东直门医院，带着学生上门诊，毫无保留地把自己积累的经验传给学生。他常说的一句话是："你们要好好学，我不能把这些东西带到另一个世界去。"

除此之外，印会河还不辞辛苦地去外省参加中医教学讲座，长期活跃在国内外的学术讲坛上。他曾到日本、美国进行学术交流，虽然不会外语，但在国外的主讲席上他依然充满自信，为传统中医走向世界，为促进国际文化交流作出了自己的贡献。

胡定邦如今是国医堂特需专家，享受国务院政府特殊津贴，曾任北京中医学院内科主任、东直门医院院长，1965年从北京中医学院毕业后分配到温病教研室做助教。他记得自己刚到教研室时还没有资格上讲台，印会河毫无保留地把自己的讲义给他看，耐心地讲解9种温病如何鉴别，如风温有哪些症状、春温与风温怎样区分等，并要求他熟读《温病条辨》。印会河的无私传授给了胡定邦一个良好的开端。随着时间的推移，胡定邦越来越精通于温病这门学科，并与印会河合作，在印会河总结的理论基础上写成了《温病纵横》一书。胡定邦眼中的印老师不仅学术水平一流，富于创新，诲人不倦，而且更难得的是为人豁达明净，豪爽大度。

提起印会河，中日友好医院中医教授徐远不由感叹：印老在课堂上，诗词雅句信手拈来，听着很过瘾；他把教科书的知识和自己积累的经验毫无保留地传给学生，他对所开方子、剂量讲解得很明了。印会河经常告诫学生：行医要脚踏实地，要靠疗效说话。他说："治病就像打仗，医生好比指挥员，容不得半点马虎，一定要学会剔除假象、假情报，掌握真动态，集中用兵，一举获胜。我们心中要时刻想着病人，遇病切忌草率用药，要瞄准目标后再调兵遣将。学书本上的知识是重要的，但绝不能食古不化，生搬硬套。对待中医这门学问要能钻进去，还要能跳出来，不断临证，要在悟字上下工夫，所谓医者意也。"

创立外感热病辨治新体系

中医习惯把外感病分为伤寒和温病，温病又分新感温病和伏邪温病。但印会河否认伏邪温病的存在。根据临床经验，他提出外感热病应分为四型，即温热、湿热、温热夹湿、伤寒太少二阳病。

印会河是个多面手，他不仅担任过金匮教研室主任，还担任过温病教研室主任。他认为，中医院校的一版、二版教材《温病讲义》虽有一定成绩，但某些编排方法仍有值得商榷之处。例如，把叶天士《外感温热篇》所提出的卫气营血分证与吴鞠通在《温病条辨》中发展的上、中、下三焦分证混同而论，并将二者等同起来作为参照，这样做就意味着所有温病既能用卫气营血来辨治，又可以通过三焦来分证。这便打乱了温热病卫气营血相传的规律，也混淆了卫气营血辨证和三焦辨证在临床应用上的不同意义。

另外，在该教材中，《温病条辨》所列的9种温病，除去温疟未被选入，冬温并入风温，其余7种（温热被改成春温）都沿用了老病名，并人为分割，分章立说，各为证治，其繁琐重复不利于教学。特别是对于很多由同而异、由异而同的道理，都未能阐述清楚。而且，二版教材虽然撇开了“伏邪”致病之说，但仍因袭吴鞠通以节令定病名的传统做法，特别是惑于《素问·热论》“先夏至日者为病温，后夏至日者为病暑”之理论，强分其为春温、暑温、伏暑，从表面上看似乎证治分明，而实际上却是生硬地强调季节的作用，有悖于中医学辨证论治的优良传统。用时间一日之先后来区分病证，不但会造成概念上的混乱，而且在临床中也是不能成立的。

为此，印会河在温病教学中进行了如下调整和变革：

一是将外感热病划分为温热和湿热两大类型。温热属燥热一类，因其伤阴耗津血之特点，治法以祛热（包括辛凉、发汗、清泄和养阴等法）和保津血（包括滋阴、凉血、生津和急下存阴等法）为重点；湿热则由湿郁而化生，不易伤阴而重在伤阳。祛湿即可通阳，湿去则其热不能独存，故治疗上应以祛湿为务，至热度上升较高时，方配合苦寒药物，取其寒以清热，苦以燥湿，原则上仍以治湿为主。至于温热夹湿与感寒化热，印会河认为，这两种病象一般只在外感热病的某些阶段出现，不贯穿疾病的整个过程，亦不具传变的规律性，故应按特殊证型处理。

二是抓住温（燥）热伤阴、伤津血之特点。

伤津血则必然导致邪热内传，所以印会河认为，用卫气营血之传变来分析温（燥）热病机是比较合乎其发展规律的。他着重阐明，在卫气营血各证中既要分出重点证型，又要抓住各自的主症。例如，卫分病的主症应抓恶风寒和脉浮这两个重要体征（病有发热、口渴、脉数，但此系外感温热病之症，非卫分所独有），并据其温热在表、在肺与皮毛之特点，又区分出热在皮毛和热在肺卫两个证型。

气分病的主症是不恶寒但恶热，印会河认为，这与伤寒太阳病传入阳明经的无寒但热已无根本区别，在治疗上也就不必再区分什么“伤寒”或“温病”。病入气分，印会河大体上将其区分为热壅于肺、热扰胸膈、热在肝胆、胃热亢盛（肌热）和热结肠道等不同证型，每个证型又抓住其主要症状，再区分为不同的具体病证，如热壅于肺又分出肺热、肺燥和肺痈三类病证。在治疗方面，肺热须重在降热，肺燥则重于清润，肺痈则须以通瘀肃肺为主，等等，依此类推。至于营血病主症，亦是依此规律详细分类辨析。

三是用吴氏的“三焦分证”来辨治湿热病证。对于湿热病，印会河主要抓住其水湿流下的特征。湿为阴邪，不伤津血，重在耗损阳气。由于阴血未伤，湿热之患只在卫、气分留恋，而不能伤阴入于营血。更兼湿为重浊腻滞之邪，最易阻遏人体阳气之舒展，故有一分湿邪，即可出现一分阴寒之象，不恶寒但恶热之气分见证一般甚少。又因脾恶湿且湿邪最易困脾，故湿热病初起即常见脾的运化功能减退及肌湿身重等症。在临床表现上亦可出现恶寒、身痛等症，但二者并非表证，而是由湿郁阳遏、温煦失职所致。为此，根据湿热为患之病机及其固有的传变规律，印会河认为，卫气营血的分证方法根本不适用于湿热病之辨证，而比较切近的应推三焦辨证。而且，三焦本身即是水湿运行、蒸腾气化的通道，对人体之水液代谢、废水（湿浊）排除起着无可争辩的作用。

印会河还对有关外感热病的体质与“从化”问题，及上、中、下三焦湿热病分证等作了具体的分类和辨析。

通过这样的整理，首先使辨证论治不再受时令季节的限制，而可以灵活自如地运用于外感病的诊疗实践。季节只能说明正常情况下的岁运，并不代表“六淫”的出现规律，故风温、燥热、风寒化热等均可生于四时，而暑热之证也可能先于夏至或后于秋分见到。其次是阐明了不同的发病及其转化。在同一时间、地点生活，可见不同的发病，也可以在发病情况基本相同的情况下，产生不同的变化与转归。

这样化繁为简地重新分类后，广大的中医同仁一致认为，外感热病更易于临床辨证施治了。

筹建中日友好医院再立新功

1982年，中日友好医院筹建之始，印会河又被选中，被卫生部聘为中日友好医院副院长，主管中医工作。

时任中日友好医院院长的辛育龄回忆，起初建院的宗旨是，建立一所现代化的大型综合医院，走中西医结合的路子。当时医院设有1300个床位，其中300个是中医床位，计划在全国范围内选拔一批有西医知识的中医。辛育龄向上级主管部门提出要调用北京中医学院的印会河，理由有二：一是印会河有很深的中医理论知识功底和丰富的临床经验，是中医学术权威；二是印会河为人坦荡开明，思想又不保守，适合开展中西医结合的工作。

印会河到中日友好医院后，着手选拔了一批过硬的骨干来各科挑大梁。他所亲点的几员大将分别是：内科的焦树德、梁贻俊，妇科的许润三，心血管科的武泽民、史载祥，肿瘤科的张代钊，外科的伍锐敏……

辛育龄这样评价印会河："印会河做事特别认真，又有韧性，同意做的事准能干成。他从不说假话，怎么想就怎么说。"

一个外省的中医，想到中日友好医院肿瘤科求职，托一位领导跟印会河打招呼。印会河没有任何铺垫，张口就说："肿瘤科已经有人了，如果想来工作我得考核一下。"过后再提起，印会河又跟"弄堂里扛木头"那样直来直去，毫不含糊地回答："这个人我调查过了，他医术不行，是个走江湖的。"

中日友好医院组建之初，院领导最感棘手的问题是，内科有中、西医医护人员近百人，老中医坚守中医传统，西医运用现代医疗手段，中医与西医如何互相尊重，发挥各自所长，并且密切合作呢？这个工作看来不是一天两天能协调到位的。

在教学工作之外，内科工作的重担让印会河感到了前所未有的压力。病人来自全国各地，一般都是久治不愈的疾病。印会河在门诊要诊治大量病人，还要负责病房工作。病人痛苦的呻吟声，真是声声入耳……工作头绪繁多，且都是重担，还有许多难以协调的矛盾，难以解决的问题，他工作又一贯精益求精，急病人所急，痛病人所痛，此时真有心力交瘁之感。

面对困难，印会河没有退缩，他拿出青少年时代学习中医的钻劲来学习西医。他虚心向本科室有经验的西医大夫学习，遇到疑难病症，中西医一同会诊，不懂的就再翻书本。他得空就学，碰到困难就找来身旁的西医请教。他坚信在临床用中西医两种办法治疗疑难病症，一定能收到最好的效果。他认为，中医学西医不一定要钻研得很深很透，但掌握一些现代科学和西医药知识是必要的。

中日友好医院建院后，有大量在华工作的国际友人来院就诊，还有一些外国朋友不远万里慕名而来。某外国领导人之女得了脊椎裂，疼痛难忍，甚至影响了正常的行走，经中央某领导人介绍，到中日友好医院找印会河治疗。印会河给她用活血化瘀与补肾的方法治疗。服过几剂药后，女孩便能下地走路了。半个多月后的一天，护士发现女孩不在病房，找了半天才得知，女孩正在天安门前摄影留念呢。

1983年春，印会河与中日友好医院其他院领导以及本院药剂、制剂等科的同仁一同出去考察，他们专程到地处江汉平原、人杰地灵的李时珍故里蕲州取经。冒着连日风雨，印会河一行紧锣密鼓地参观了设在蕲州古城旧址的李时珍医院，瞻仰了坐落在城东雨湖之畔的李时珍陵墓与李时珍博物馆。印会河感慨，李时珍医院不愧是得遗泽，不但处方理法谨严，井然有序，在中药加工及炮制等方面也是一丝不苟。同行的一位药剂科的同事伸手到药房的药斗里抄看了几段饮片，惊奇地发现真是一尘不染！印会河粗浅地统计了一下，在李时珍收集的1892种药中，异国产药以及我国少数民族地区产药竟有118种之多。李时珍的思想是开放型的，他没有把异国和我国少数民族地域产的药排斥于《本草纲目》之外，也不分“土”和“洋”，唯其作用是依；李时珍不搞迷信，不论是古代传留下来的中药还是他本人的发现，都经过他的实地考察，然后分门别类，纠正了不少“讹传”或误解。

参观中，印会河心潮起伏。李时珍历经二十七载，跋涉在山林川泽之间，和野生动植物广打交道，向富有实践真知的村医、野老请教，集腋成裘，聚沙成塔，终于完成了举世瞩目的医药巨著。李时珍卓尔不群的意志和执著的探索精神是后人心中不灭的灯塔！

参观归来后，印会河把李时珍的铜制塑像安放于中日友好医院内，冀以李时珍严谨治学、坚韧执著的精神激励同仁。

临床高手　屡创奇效

印会河在中医界以临床疗效好而声名远扬。他多年来对中医孜孜以求，但并不执著于古代医书的记载，还能根据具体情况调整和创新，因此取得了显著的成绩。

一、治疗肺部大面积大肠杆菌感染

1978 年，印会河被北京解放军三〇九医院请去为一位姓孟的男性患者会诊。患者 54 岁，高烧 40 多天不退，从新疆军区医院转到该院。该院遍查国内外资料，发现此病在日本有过两例报道，但沿用报道中的治疗手段却毫无疗效。

印会河观察到患者咳喘、吐白沫、高烧、身体消瘦，断定是“肺痿”。他又调看了患者在三〇九医院做的检查，是肺部大肠杆菌感染引起的右肺大面积肺炎。印会河不动声色，心里已有了对策。汉代医书《金匮要略》上有记载治疗肺痿的方子，但是这个方子有张冠李戴之处，所以没有疗效。印会河的治疗措施是，在清代喻嘉言的清燥救肺汤的基础上加减，增加了治疗胆系、泌尿系大肠杆菌感染的草药。服药一周内，病人每天高峰期的体温由 41℃降至38℃以下，咳喘消除，体重增加，多次痰培养都已不见大肠杆菌。病人出院后追访 9 年，一直健康。

经过几十年的临床验证，印会河认为，在喻嘉言的清燥救肺汤的基础上加减，对于以咳喘、吐白沫不爽（包括沫中带血）、口干咽燥为主症的患者，不论其是肺炎、肺结核还是慢性支气管炎，都有很好疗效，对肺癌患者亦能够缓解其症状，延长生命，有时还能达到痊愈的效果。

二、治疗早晚期肝病

“开肺气、利三焦”是印会河提出的治肝病新法，他自拟“舒肝开肺”方治疗慢性肝病、早晚期肝硬化、肝硬化腹水，有效率达92%，特别是对以腹胀为主的肝病具有显著疗效。1992年，该方作为国家中医药管理局科研课题，通过一期临床鉴定。

高某，男，45岁，患肝硬化5年（经北京市某医院确诊），来诊时面色晦暗，身体羸弱，纳少便溏，精神萎靡不振，舌质青紫，苔白，脉弦细。病初检有肝脾肿大，肝中等以上硬度，食道静脉曲张。患者自述以大腹胀满最为痛苦。印会河认为，此证属肝性腹胀，由肝血瘀结、气道受阻引起，治宜舒肝理血，利三焦。因肺主周身之气，故欲治三焦，使“气道”通畅，势不能舍开理肺气而他求。印会河选用了紫菀、桔梗这两味药作为开利肺气、以利三焦的主要药物，并结合治疗肝炎常用的逍遥散加减。患者服药数剂后，诸症消除。

三、治疗脊髓痨

印会河用地黄饮子治脊髓痨，疗效显著。他曾就此项成果在前苏联1959年召开的皮肤病国际医学会议上作过报告，题目是《中医药地黄饮子是治疗脊髓痨的新疗法》。这一成功经验得到了与会各国学者的高度重视。

脊髓痨是西医名，中医称之为风痱，由脊髓神经受到破坏引起。晚期梅毒脊髓痨是其中的一类，主要病因是梅毒杆菌侵入脊髓神经，使部分神经受到损害。另外一种脊髓痨则是由结核杆菌侵害脊髓神经所致，最常见的症状是手、足不能听从自己意识的支配，走路如踩棉花，东倒西歪甚至摔倒。如果人体上部的脊髓受到伤害，就会出现语言不利；如果伤到腰以下的脊髓神经，人就会大小便失禁或不通。

西医对晚期梅毒脊髓痨可以作出精确的诊断，却苦于缺乏行之有效的治疗方法。于是，皮肤性病研究所的研究人员于 1958 年找到印会河，希望能用中西医结合方法攻克这个难症。

刚开始印会河感觉这个课题很陌生，但见了患者后，他想起父亲印秉忠曾用“河间地黄饮子”医好了很多类似的怪病，以前自己在老家行医时也治愈过这类病人。于是印会河把这张方子经过加减贡献出来。用了此方，皮肤性病研究所收治的那些病人服药后都反映有效；复诊时西医检查，大部分病人的临床指标都见好转。有了这个振奋人心的初步结果，印会河与西医同仁又去北京协和医院及天津市总医院等地大量收治病人，最后总结疗效，有效率在80％以上。印会河把这个经验写成论文供学界参考。

四、治愈泌尿系统疾病

泌尿系感染是常见病，女性发病率很高。近年来，抗生素治疗此病有较好效果。但是感染菌对抗生素产生的耐药性不容忽视。印会河结合家传及自己的多年临床经验，把治疗泌尿系的有效验方贡献出来，并与河北省安国制药厂合作，研制出中成药泌尿宁（原名叫泌感灵）。在临床试用中，观察病人300例，总有效率达92%，该药通过国家鉴定，并投入市场使用。

五、治愈骨髓炎

1973年，印会河到河北遵化县“开门办学”时，被县医院请去会诊。该院收治了一位17岁的女性患者，先因败血症入院，后又并发骨髓炎，高烧近42℃，汗出后体温略降，脉搏每分钟在150次以上。由于炎症的破坏，病人的一侧小腿胫骨已经烂去2/3。西医每天测病菌对药物的敏感性，但始终疗效不佳，病情有增无减。病人严重贫血，皮肤苍白，连口唇、舌质都看不出多少红色，但饮食尚可，胃肠无病。在西医诊断的基础上，印会河观察到，病人的两足跟是凉的，虽然发着高烧，但全身不见热象，因此断定其病为假热，由阳气衰竭所致。于是印会河选用鹿附汤加人参为主治之，只用了少量清热解毒剂以为反佐。药入不久，病人体温降低；未出半月，病人热退，病症基本得治。

六、治愈失眠，方法独特

1995年，印会河到美国访问，治愈了很多失眠患者。他对失眠的论述洗练，方药疗效显著。

印会河总结认为，失眠亦称不寐，即无特殊病症而经常不能入睡的一种疾患。其中有睡眠不实，乱梦纷纭的；有入睡迟难，时睡时醒，或睡眠浅短，醒后即不能入睡的；亦有通宵达旦不能成眠的。西医称本病为神经衰弱，认为多由高级神经活动过度或持续紧张引起；中医则认为劳心用脑过度损耗精血，致心、肾、肝、胆间气血失常，阴阳不和，使神机逆乱而发此病。此病亦可由食滞不化而生，中医讲“胃不和则卧不安”；由高血压引起者，中医称“风阳浮动”；至于因病久气虚、热病阴虚等而发生的失眠，则概因其他病痛所造成，失眠非其主症。

如是心肝血虚，则要养心补肝，用补心丹加减。如是痰火郁结，则采取除痰降火之法。

七、抓主症，驱病邪

抓主症是印会河几十年来的临床经验总结。印会河认为，任何病症，均可抓住少数几个主症来定出治法、处方和用药。他把西医有数据指标的诊断与中医的辨病论治结合起来，把自己成功的疗法总结归纳，提炼出抓主症120方。已有数十种疾病可以通过抓主症的方法进行辨证治疗。

1983年，印会河把卓有成效的抓主症方药汇集成书，题名《中医内科新论》。书的扉页上，印会河赋诗一首：

闻鸡慷慨莅燕宁，不习鱼虫不竞名。

只觉医林方殿殿，欲凭爝火振明明。

从来科学无夷夏，毕竟人才有古今。

愿作长风扬万里，好浮鲲翮上霄青。

北京中医学院中药学专家颜正华教授说，《中医内科新论》匡正时弊，不走人云亦云、唯古人马首是瞻的道路，在立方用药上颇具特色，有古方今用的加减内容，但同时也有独具匠心的经验良方，并采纳了民间验方和单方对药的有效部分，众流归海，汇成了数十首“抓主症”之方，不但抓出了中医的主症，连一部分西医的明确诊断也被用作“主症”纳入定方、定药甚至定量的治疗规律之中。

《中医内科新论》出版后，在读者中引起了极大的反响，赞扬、切磋、咨询与求治的来信源源不断。然而最让印会河欣慰的是，很多理论基础不够深厚的基层医生觉得此书不仅通俗易懂，而且很容易应用于临床治疗。

以下仅举两个抓主症的方法：

其一，舒肝散结法。

舒肝就是舒泄肝气，散结就是散开结聚。印会河在继承古代经络学说理论的基础上，又承袭了祖传经验，再通过数十年的临床体会，提出“舒肝散结”法治疗一些肝经病变，取得了较为满意的效果。印会河以自拟的舒肝散结法治疗老年性前列腺疾病、颈淋巴结炎以及其他部位的淋巴结炎、结节性甲状腺肿、胸肋软骨炎、乳腺增生、子宫肌瘤、卵巢囊肿、宫外孕所致的盆腔包块等疾病，疗效显著。

肋软骨炎的主要症状是肋骨与胸骨连接处肿起，按之疼痛。乳腺增生的症状是乳房内有结块（2～3 个，或更多），有时一侧，有时双侧，但非恶性肿瘤。甲状腺瘤的症状是颈前长一结块，起初发胀，渐渐肿大，有硬块，边缘清楚，吞咽可活动。前列腺肥大或增生常见于老年人，排尿不畅或困难，良久方能尿出，甚则点滴不出，中医称为“癃闭”。更年期子宫肌瘤多发于 45～50 岁左右的妇女，症状为月经将断未断，经量过多，白带淋漓不断，甚则急躁易怒，好与人争吵等。

以上病症共同的主症就是肝经所过之处有结聚肿块，主要是肝气郁滞、痰凝、血滞所致。印会河以逍遥散、消瘰丸加减化裁而成一首方剂，取得很好的疗效。药味和剂量如下：

柴胡 15～30g，当归 15g，赤芍 20～30g，丹参 15～30g，生牡蛎 30～60g（先煎），玄参 15g，川贝 9g，夏枯草 15g，海藻 15g，昆布 15g，海浮石 18g（先煎）。

上述病症，虽然均位于肝经循行之处，但由于兼症或部位的不同，用药亦需加减。从以下选录的 4 个案例可见其一斑。

案例一：男性病人，72 岁，工人，前列腺良性肥大症。小便滴沥而下已半年余，一周前突然尿闭，曾在某院诊断为老年性前列腺肥大，并建议手术切除。患者拒绝手术，而在急诊室用导尿管导尿，一周后带着尿管回家。十余天后症状不减，故请求用中医中药治疗。印会河用舒肝散结法，前方加牛膝 10g，肾精子（5粒）用桂圆肉包，一次送服。5 剂后患者小便通畅；停药后数年，未见复发。

案例二：男性病人，46 岁，甲状腺瘤。来诊一月前自觉颈部发胀，数日后触及颈前有小肿块，吞咽时能活动。经某医院检查，诊断为甲状腺瘤，准备手术治疗。由于病人同时患传染性黄疸型肝炎，肝功能未能恢复正常，又值夏季炎热，故先服中药治疗肝炎，尔后再议手术。印会河用舒肝散结法之方加桔梗、小金丹，每日两剂，续服两周，患者甲状腺瘤消失，肝功能亦恢复正常。

案例三：女性病人，42 岁，乳腺增生症。病人由于爱生闷气，情志抑郁，8 年前始觉胸胁部胀满不舒，渐至经前乳房胀痛，痛甚不可触及。尔后发生双侧乳房内有多个肿块，曾去某医院检查，诊为乳腺增生。近来又发现多处肋软骨炎，按之疼痛。数年来，经中、西医治疗未效。印会河用舒肝散结法之方加蒲公英30g，全瓜蒌30g（因大便干），每日1服。一周后，患者胀痛轻；继服本方，肿块逐渐减小；继服一个月，肿块完全消失，同时肋软骨炎也痊愈。随访一年余，未见复发。

案例四：女性病人，54岁，更年期子宫肌瘤。其月经至今未绝，且经量益多，色深红，淋漓不断，经期延长。每月间隔时间甚短，带下多，色黄，气味秽臭。曾在某院诊断为多发性子宫肌瘤，建议手术切除。因患者兼有高血压病，故未手术，要求服用中药治疗。印会河用上方加牛膝，5剂后患者月经止，带下少，血压降低，耳鸣减轻，睡眠好转。原方续服10剂，患者月经又来两次后经断，经检查其子宫肌瘤亦萎缩。

其二，攻下法。

攻下法是印会河抓主症的神来之笔，这是

通过攻下热实而祛除病邪的一种方法。他的同事说，印会河用药，他们断不敢效仿，剂量有时很大，难以把握。原北京中医学院的张世栋书记说，印会河用药，常常寥寥几味就解决各类顽疾，真是了不得。

病例一：唐姓妇女，60 岁，患胆结石住院。因病人患有严重的风心病、心衰，医院认为不符合手术条件，只能施行保守治疗。由于结石引起剧痛，西药无法解除，故请中医紧急会诊。印会河认为诊断明了，于是，大胆投用大柴胡汤加大剂量金钱草 60g，并加广郁金 9g，川楝子 12g，叮嘱护理人员细心观察，防止攻后出现厥脱之变。病人服药后，一夜泻下十余次，但奇妙的是不但没有发生虚脱，胁痛症状还得到缓解，精神转旺，食欲改善。病人自觉病情减轻，却因并未眼见结石排下而忧虑。后来在倒便盂时发现砂砾状碎石，经化验确是胆石，于是病人信服，继续服用印会河所开中药。

数日后透视检查，胆石已不复存在，病人欢喜出院。

印会河的体会是，攻下法表面看来是针对消化系统，特别是通下大便之用的，其实，通过泻下也可消除或缓解消化道以外的多种疾病，譬如外感热病。

病例二：关姓女孩，年11岁，因突发高烧住本市某医院十余日，使用多种抗菌、解热西药后仍未退热，体温有时高达42℃。西医见她长时发热不退，便怀疑为风湿热，查血沉为100mm/h，更相信系风湿所致。服大量阿司匹林退烧，又二三日，汗多但仍发烧不解。印会河应邀前去，听罢介绍，见热型呈寒热往来状，并见舌苔中已黄燥，边有白腻苔，于是确定该女孩之热为少阳里热引起。询问得知，女孩自入院以来一直未解大便，按压脐周似乎有条状物；病人家属叙说，女孩多日只吃些水果之类。根据病情，印会河断然使用大柴胡汤去枳、芍、姜、枣，加石膏 30g，山豆根 24g，鱼腥草 24g 等药。结果腑行得畅，身热随之而解，二三日后再检查血沉，已恢复正常，随后病愈出院。

病例三：田姓男病人，18 岁，突发高烧住某县人民医院。八九天来，有时烧至 42℃，退烧、消炎、抗菌的西药已用遍，但高热始终不退。印会河第一次诊视时，根据医院大夫的报告，其主要症状除了发热甚高以外，还有大便次数频繁，每天 5～8 次，有灼肛症状，全身出现皮疹，便认为是肠热下利，于是使用葛根芩连汤，希望通过解肌清肠来化解。但是病人服药后，高烧没退，反而增添了心烦口渴。第二次复诊时，印会河仔细询问病人的大便情况，得知病人虽然泻下多次，但便中有大量肠垢，黏滞不爽，且便后有不尽之感。印会河断定这是肠道积垢所致，应当采用通因通用之法，表里两解，于是选用凉膈散加减，用大黄 9g（后下），芒硝 12g（分冲），黄芩 9g，栀子 9g，薄荷 3g，竹叶 9g。患者服药后，大便通畅，发烧消退，第二剂药吃过之后便痊愈出院。

对于一些脑系及精神方面的疾病，印会河认为，只要大便不正常通利，应该首先使用攻下法。只要大便通畅，其他症状大多可以自行缓解。印会河治疗了多例此类病症。

病例四：徐姓病人，年 63 岁，中风，昏不识人已半月。呼吸气粗，痰如拽锯，撬视舌苔，黄厚而燥，脉实有力。据其家属云，病人大便干燥已历数年，发病前除头昏外，主要是大便难解。根据其病史及临床症状，印会河确认是中风实闭之证，投用三化汤。药后病人腹中雷鸣，旋即得便，下大量焦黑粪便后苏醒过来。其半身瘫痪之病症经调治后，渐渐已能起床活动。

印会河行医，很注意学习，就像在大海边拾贝，潮起潮落，总有一些好东西被他发现。譬如治疗高血压耳鸣，印会河用的是“龙胆泻肝汤”加味；治疗没有多少症状的溃疡病，则用“消溃汤”。这两个方子都是印会河“拾”来的。

石家庄药厂生产的“耳聋丸”，从包装上的说明可知，药物主要成分是“龙胆泻肝汤”，印会河就用来试治高血压耳鸣，疗效令人满意，于是这就成了印会河的抓主症药方；“消溃汤”这张方子是一个河南病人传来的，印会河看到方药大体上有止血作用，就用其治疗溃疡病大便潜血，对寒热虚实症状不明显的病人效果很好。

创新思维　力主中医现代化

印会河吸收诸家所长，治愈过很多疑难杂症，但他并没有沾沾自喜，他知道，未知的领域很大。他对中医的前途与命运充满了忧虑：照搬传统的医书是不能包治百病的，中医也要跟随时代步伐一同前进，摒弃糟粕，取其精髓，不断创新，要学会运用现代的科学技术，使传统的中医得以发扬光大。

印会河认为，中医诊断要有客观指标。用西医学和现代科学方法研究中医四诊，或创造新的诊法，这项研究有利于中医四诊实现仪器化、客观化和规范化。

印会河认为，经络的实质至今还在研究中，

但它确实是存在的。经络学说在理、法、方、药及辨证论治的各个环节中是不可缺少的。譬如，以舒肝散结法治疗一些肝经病变就是多年临床的结晶。足厥阴肝经起于大趾内侧，循足上行，循股，入阴中，环阴器，抵小腹下，挟胃，属肝络胆，上贯膈，布胁肋，循喉咙之后上入颃颡……乳腺增生、肋软骨炎、甲状腺肿大等病症虽然部位不同，但都属肝经路线，这几种疾病之间有内在联系，因此可采用同一种方法而治愈。

印会河说，中医和西医都是辨病论治的。中医的辨证和辨病是认识疾病本质的两个阶段，要把西医的辨病和中医的辨证统一起来，把西医的检查结果和中医的辨证、辨病结合起来，只有中西医并重，才能战胜顽疾。

例如，见到心衰心率达到 150 次/分钟以上的患者，印会河敢于大量使用附子强心。这是明确诊断给他的力量和胆量。治疗高血压病人时，他除了根据中医传统辨治疾病的方法外，还常加上夏枯草、苦丁茶等药降血压。

印会河利用西医的明确诊断，再加上中医的辨病分型，对一些疾病进行治疗。例如，他治疗溃疡病时，就分成酸多、酸少、胀甚、痛甚以及无明显体征等几个类型；辨治高血压病人时，就分成虚、实二型。实证多为肝阳上亢，见有耳鸣的主用龙胆泻肝汤，清泄肝火；见头痛便秘的就主用泻青丸，通肠散火；但见头重（昏胀）脚轻（无力）、睡眠不实的，用平肝潜阳的天麻钩藤饮加减治之。辨治肾虚之证时，亦有阴阳之别，阴虚主用滋补肝肾，如六味地黄类方（包括杞菊、知柏、归芍、麦味等在内）；阳虚饮不化，则常用温阳化水，轻则苓桂术甘汤，重则配合真武汤。

运用西医诊断方法确定病情，同时进行中医辨证，作出分型和分期，这样就从两种不同的医学角度审视疾病，既重视病因和局部病理改变，又通盘考虑疾病过程中的整体反应及动态变化，并以此指导治疗，收到很好效果。

在抓主症时，有一类病，印会河是以抓西医的诊断为主的，实际上就是把西医的诊断作为主症来抓。如用大承气汤加味治疗肠梗阻（有套叠、嵌顿者除外），用清咽解毒法治疗咽炎及扁桃体炎，以升阳散火法治疗颌关节炎，用温化寒湿法治疗妇科宫颈炎，用清燥湿热法治疗宫颈糜烂，用益肾汤治疗急慢性肾小球肾炎等。

印会河勇于创新的思维在临床上得以充分体现，兹举数例。

例一：1991年，一位患有风湿性心脏病联合瓣膜病变、心衰度为三级、心房纤颤的患者，需要进行瓣膜置换手术，但此时患者体质太差，进行手术风险很大，无法开展瓣膜置换手术。印会河根据西医的各种诊断指标，认为患者心肾阳虚，遂使用温化水气的真武汤加味。患者服药一周，心衰得到纠正，并顺利进行了换瓣手术，在心内取出卵状结石重50g，痊愈出院。出院后，患者又出现风湿热见症。印会河以治疗“风痨”常用方理血解毒，患者热退，症状迅速改善。

例二：1995年，一肾病综合征病人，全身肿胀，腹水量大，尿素氮及血肌酐接近尿毒症指标。两个大医院肾内科、泌尿科西医会诊，一致认为必须进行透析。患者害怕，要求请印会河会诊。印会河根据各项指标和中医诊脉认为，该患者病情虽严重，但脉证均未出现危象，可先不必透析。于是让病人先服用中药“益肾汤”。药入后，病人尿量大增，血中尿素氮下降令人甚为满意，唯有肌酐迟迟不下。印会河认为，尿多肿退，肌酐不会久留，因此坚持不用透析而续用前方。不出两周，病人全身水肿尽退，血尿素氮及肌酐恢复正常，痊愈出院。

印会河在中医理论方面勇于探索，在临床

一线进行实践，还发表多篇文章探索如何丢弃糟粕、吐故纳新。他不计较个人得失，对中医事业的发展可谓赤胆忠心。

一、论“五行”与中医的关系

1955年，在江苏省关于“五行”存废辩论会上，印会河指出了“五行”对中医学发展的约束。这个观点独树一帜，非常大胆，即使在今天也是颇有争议，其时人们更是闻所未闻。印会河指出，被认作中医理论基础的“阴阳”、“五行”、“八卦”等等，基本都不是中医固有，更不是与人体有直接联系的东西，而是儒生们强拉硬套进来的。“五行”出自《尚书·洪范》，“阴阳”和“八卦”均始见于《周易》，都是孔教“五经”的内容。用这些东西来论述医理，解释一切医学现象与行为，常显得过于牵强。

二、针砭《伤寒论》《金匮要略》

1962年，印会河在《橘杏春秋》上发表《伤寒金匮贬》，如一块石头扔进了平静的湖面，引起轩然大波。

印会河在文章中说，以往的前贤论著，对张仲景的《伤寒论》《金匮要略》二书极尽褒扬之能事，这在他看来，理有未尽其然，故搜集其所短，进行一次贬低的尝试。

印会河认为，张仲景的病因学说强调外因致病，造成了对疾病之传变认识的局限性；张仲景以“除邪”为主，导致了补养正气和调理功夫的缺失；张仲景在诊断上重视脉象而疏忽舌诊，在治疗上虽依循辨证论治这一重要原则，但著作中多有投剂上的生硬。以上几点，印会河举证身边案例，论证不同观点，语气平和客观，展示了一个学者严谨治学的风范。

三、主张摒“三教”，黜“九流”，远“推术”，科学发展中医

印会河在1994年第二期的《山东中医学院学报》上发表了《摒“三教”，黜“九流”，远“推术”，科学发展中医》一文，主张摒弃混杂

在中医里的一些糟粕，去除中医发展道路上的障碍。

他在该文中指出，“三教”、“九流”、“推术”均与传统的医药学无关，是一些好事者拉进中医里来的，对中医的消极影响如沉疴痼疾害人性命一般。“九流”有歌曰：“一流举子二流医、三流地理四流推。”印会河认为，中医中的“江湖”、“走方”骗子，一般都是利用“推术”、“占卜”，以三寸不烂之舌自圆其说。

印会河分析道，儒教的政治主张是今不如昔和后不如今，故教人尊经崇古；认为从唐尧开始到舜、禹、汤、文、武、周公等是一脉相承的“道统”，是唯一的、不能变革的正统，故教人“述而不作”、“信而好古”、“温故知新”。这些纲领就像宣扬儒教神圣不可侵犯一样，缺乏科学的创造精神，是不思变革的保守主义。

印会河一针见血地指出，中医解剖学和外科学的衰落便是尊经崇古的最直接后果。早在

《灵枢》上就有过对食管、胃、回肠、广肠的曲屈、大小、长度及直径等的明确记载，后汉的外科名医华佗已能使用“麻沸散”进行较大的外科手术。而在其后的岁月里，中医的解剖学已接近灭绝，中医外科也仅剩下一点皮肤疮疡的外治或内服疗法。究其原因，实在是因孔教的体肤毛发，受之父母，不可毁伤等思想在作怪。

印会河大胆地提出，科学的中医不应受经典的束缚。历史在发展，中医在前进，而迄今仍有很大一部分中医工作者是从史学的角度来研究属于自然科学的中医，耽于瞻前而不思今后。中医该向何处去？仍旧是用新瓶装陈酒吗？印会河还列举了方剂学上的君、臣、佐、使定名不正等问题。

四、中医发展要坚定不移地走现代化之路

20 世纪 80 年代初，印会河与“纯中医”的据理力争更显学者本色。当时，国内中医界又出现了一股反对中西医互相学习的思潮。在这种“纯中医”思潮的影响下，全国中医院校都减少了西医方面的课程。印会河对中医事业的未来十分关注，面对中医对西医的排斥，他以高度的责任感，利用各种场合发表自己的见解。1985 年，印会河在《中西医结合杂志》第 5 卷第 3 期上发表了《当今中医必须走向现代化》一文，文中抨击了一些所谓的“纯中医”食古不化、不思创新、一味继承而排斥西医。同他以往的大胆立论一样，这篇文章又使他受到不少人的口诛笔伐，极端者甚至说他是“中医叛徒”。

面对非议和攻击，印会河毫不退缩。他说：“没关系，我已经写好了第二篇文章。”果然，他的《再论中医必须走向现代化》一文不久便发表在 1986 年第 12 期的《中西医结合杂志》上，其语气更趋平和，论证更为严谨，字字闪现理性和真诚。

印会河说，传统中医，包括他自己在内，还有很多局限性。例如，中医诊病重视脉和证，而中医过去讲的脉证指标就不够明确。“脉四至以下为寒”，“六至以上为热”，是以医生的呼吸次数来定的，但医生自己有时也难免有循环、呼吸道疾病，而且有时越是认真就越是不自然，以这个“数”为定数是不够准确的。

印会河在文章中指出，现在有人一提到中西医结合就谈虎色变或者火冒三丈，好像是洪水猛兽将至，必欲拒西医在国门之外而后快。其实，西医也不一定就是“西”医，它的基础理论来自现代科学，它善于吸收现代科学之长为其所用，因而在近百年来的发展是比较快的。看西医基础理论课程里面的生理学、生物化学、微生物学、寄生虫学、解剖学、放射医学等等，可以说基本上都属于生物学范畴。巴甫洛夫是生理学家，但他的研究成果不是也被西医采用了吗？医学是研究人及其疾病的科学。生物学是研究生命的学科，是作为基础科学而存在的。科学无疆界，谁能用就用，谁率先发展了科学，谁就走在了前面。

印会河的第二篇文章发表后，反对之声依然不绝于耳。印会河冷眼视之。面对那些随之而来的不公正对待，倔强的他也没有一丝畏惧。但他内心何尝不起波澜？1989 年秋，印会河在中日友好医院的《橘杏春秋》上作诗一首以表心曲：

两论中医愿已酬，金伤贬罢梦群鸥。

衰翁渐惯林家趣，臧否由人说自由。

印会河洪亮而浓重的江苏口音给同事和学生们留下了深刻印象；他对学术的执著追求、对中医的诚实态度，更是人们心底一抹鲜亮的记忆。

“印教授在学术讨论上知无不言，言无不尽，从不随波逐流。”山西中医药研究院的侯振民教授如是评价。在 1972～1974 年间，侯振民曾跟随印会河学习。他还记得，北京中医学院中医基础理论教研室的印会河、刘渡舟、王绵之、任应秋等名医经常讨论一些学术问题。一次，其中的一位教授说，膀胱不仅贮存尿液，而且还是盛津液的器官，并指出此观点来源于《素问·灵兰秘典论》。印会河反驳道，如果既盛尿液又盛津液，那就早得尿毒症了。接着他引经据典，列出多部医书对膀胱功能的不同解释，指出哪些有误，哪些是科学的。争论之间，印会河动情地说："咱们可不能再照搬书本，拿以往的那些谬误糊弄子孙后代了！"之后，印会河在他主编的《中医基础理论》（第二版）中，对膀胱的解剖形态、主要生理特征及生理功能作了详尽的论述。

原山西中医学院院长王世民教授说："我是北京中医学院第一批本科生，印老师当时只有34岁，是最年轻的教师骨干。印老师还是革新派，虽然当时革新派在中医学院不是主流，但他仍坚持自己的观点，还把批评尊经崇古的文章写在黑板报上，引起了很大风波。”

印会河的研究生吉凤霞（现为北京中医药大学教授）说，印老师是一个真诚的人，他在学术方面特别敢说话，观点很新颖，眼中没有旧的条条框框，所以总是引起全国轰动。他主张中西医并重，并身体力行，他用西医的明确诊断结合中医的辨病方法，与西医同行通力合作，攻克了很多顽症。他做事很讲原则，学生介绍病人来看病，他要求他们像其他病人一样挂号、排队。印老师为人友善，宽厚待人，业务上却毫不含糊。他不仅为学生制订周密的学习计划，而且不断检查督促。对待疑难病例的处方，他要求学生不但要知其然，更要知其所以然。

中日友好医院李荣春教授对印会河尤为佩服：印老师医术高超是公认的，他六七十岁还不间断学习，看书从不囫囵吞枣。学生写了文章，他看了提出问题，改正错讹，但从不署名，对待学生真是扶上马还要送一程啊。印老师的骨头是最硬的！“十年动乱”中，他既不承认自己有罪，也不揭发别人有罪，身心遭到打击。然而他顽强地挺过来了！若干年后，他只是轻描淡写地说：“我的身体不好了，他们总不让我睡觉，哎，血压升高了。”

人生如此自可乐

印会河披荆斩棘几十载后，于 1985 年 62 岁时，卸去中日友好医院副院长的职务。

印会河的学问渊博，在医界地位显要，然而他的性情却保留了孩童般的纯真自然。家乡的老友来北京看他，印会河喜出望外，带着好友去爬香山。他挽起裤脚坐在石阶上，全然没有老教授的矜持。

印会河尤爱游香山，周末一到，就带上水和食物出发了。他早去晚归，尽性畅游。香山不仅有层层叠叠的青翠，更有无数名人雅士的足迹。走进香山，每到一处，印会河的胸中总有一些诗句涌动，那些熟悉的面孔也会浮现于眼前。印会河最喜欢邓拓登香山的诗句："人不见愁鬼见愁，香炉峰出香山头。"邓拓的《过东林书院》也是印会河经常吟诵的："东林讲学继龟山，事事关心天地间。莫谓书生空议论，头颅掷处血斑斑。"他仿佛看见邓拓君悲怆的眼神与身影消失在林海深处……

印会河不仅情系山水，花鸟鱼虫也是他的至爱。从搬进楼房起，他的花花草草也迁进每个房间，仅君子兰就有十几盆。他的鸽子在阳台安营扎寨，从不做家务的他，按时清扫鸽巢。有一天，自家孵养的一对漂亮的白鸽飞走后再没回转，女儿印螺发现，父亲在阳台上呆望良久，眼中透出无限的惆怅……印会河笼养的百灵鸟高高挂在书房的窗前，这个小精灵会学各种鸟语和猫狗的叫声。印会河经常会听得出神，把正在读的书都放下了。他喜欢热带鱼，早晨起床后，经常是脸还没洗就去观鱼。秋天，他会到郊区给女儿捉蝈蝈，即使手被叮咬了，仍挡不住他美滋滋地炫耀他的战利品……

印会河从小挚爱书法，有了得意的作品就裱好挂在房间里，感觉一般的便一卷卷藏在柜子中。他还乐于给别人题诗题字，他的朋友、他的学生、他的病人……只要有求，印会河就会认真地去完成，从不推辞。1997 年欢庆香港回归，印会河参加了卫生部举办的书画展，并获得了书法组第一名。印会河也喜欢国画，更喜欢与画家为友，潘素、李大千、韦江凡等人赠送的大大小小的画卷把他家里所有的墙面都占满了。他兴致勃勃地给懂行的朋友们展示自己的收藏，别人有上乘书画也邀他赏评。

印会河保存的那幅竹子画卷时常让他陷入对往事的回忆：在“十年动乱”的年代，印会河被停了职，但在困境中，他还在帮助比他更不幸的人。朱德的女儿朱敏、贺龙的女儿贺捷生、水利电力部部长刘澜波的女儿刘珏等都找上门来请他诊病。她们害怕拖累印会河，怕自己的特殊身份给这个“反动学术权威”增添麻烦。可是印会河很坦然地说：“我只看病，不看政治条件。”京剧名旦言慧珠请印会河诊治，她充满歉意地对印会河说：“我没有诊费，只能请您看戏了。”

老舍请印会河看病，老舍的夫人胡絜青赠送印会河一幅虚心有节、宁折不弯的竹子画卷，与他共勉。“咬定青山不放松，立根原在破岩中。千磨万击还坚劲，任尔东西南北风。”没想到，之后不久，老舍、言慧珠这两位友人相继离去了，印会河时常望着那幅画卷，沉默无语……

“耳顺”之年的印会河，终于有更多的娱乐时间了。他早上起来可以唱唱《借东风》《萧何月下追韩信》之类京剧名曲，嗓门挺豁亮；他更多的是吟唱自己的诗句，边唱边浇花，然后再从容地去医院出门诊。

3月底，中日友好医院的花园里，几百棵

樱花缤纷绚烂，芳香扑鼻，让人不由得想起冰心的诗句："这樱花一堆堆一层层，好像云海似的，在阳光下绯红万顷，溢彩流光，我们凌驾着浩荡的东风，向着初升的太阳前进！"印会河按捺不住内心的喜悦，不停地给朋友们打电话：快来饮酒赏花啊！住在同楼的辛育龄院长也会接到印会河的邀请："刚炖了红烧肉，来喝上两杯！"

饮酒是印会河的又一乐趣。喝起酒来，印会河的思维更加活跃：他回想起自己被下放到汉沽农场劳动的情景，在那里，他与当地农民同吃同住，为大家诊病，不但没有受到歧视，反而深受欢迎。还记得1976年在唐山"开门办学"，人们排起了长队向他问病，排队误工，一些人就拿砖头占位置，老乡们还拿出自己仅有的鸡蛋、大饼招待他。在人民群众中间，烦恼和忧愁都跑到了九霄云外去了。他手把手地教学生诊病治病，在当地开办多期乡村医生进修班，把满腔热情倾注在这些基层医生身上。他更忘不了 1976 年 7 月 27 日在唐山市办讲座，唐山卫生局的领导准备招待晚饭，并挽留他住下，他自己却不知何故心绪不宁，执意带着学生们连夜赶回驻地，惹得几个馋嘴的学生埋怨他错过了一顿大餐。第二天凌晨 3 点，天旋地转之后，轰隆一声巨响，前晚大家在一起吃饭又险些下榻的招待所被夷为平地，整个唐山市变成了一片废墟。让全国人民震惊的大地震发生在眼前，自己却鬼使神差般逃过了这样一场劫难。之后，他又投入到救灾工作中。

关于印会河豪饮的趣事，山西中医药研究院的侯振民教授可谓记忆犹新。1976 年，侯振民、王世民等人请印会河去山西讲学，并安排时间到汾阳喝汾酒，还请来汾阳杏花村酒厂的刘凤亮厂长作陪。刘厂长毕业于北京大学，曾任山西省轻工业厅厅长，他与印会河一样在磨难面前正气凛然，无所畏惧。席间，二人惺惺相惜，言谈甚欢，一桌人推杯换盏，好不快活！印会河豪饮了近一瓶白酒后，刘厂长请他即兴赋诗，印会河没有推辞，当场吟诗一首，题目为《酬杏花村酒家》，全诗如下：

病酒何须问牧童，一程香气数程风。

莫嫌郑老嫔陶事，百虑消沉薄醉中。

“好诗啊，好一个百虑消沉的病酒者，好一个海量的印会河！”刘厂长听后哈哈大笑，一拍桌子：“走，我请诸位去酒窖品酒！”印会河与其他几人应声而起，循着酒香兴致勃勃地奔酒窖而去。酒窖里，印会河又酣畅淋漓地饮了两大玻璃杯胜似玉液琼浆的美酒……

1997 年，印会河 74 岁了，但他仍斗志不减，出门诊、讲学、担任中央领导人保健医，乐此不疲。他像年轻人一样勤恳行医。2000 年 6 月的一天，印会河的夫人孙启基回家，推开自家的屋门时，发现丈夫已经到家了，“老印！”她呼唤了一声，但是印会河坐在沙发上望着她却不应答。她很奇怪，走上前，发现印会河已经不能开口说话，右半个身子不能移动。孙启基立即找人把印会河送到中日友好医院抢救。经检查，印会河是突发脑梗塞。经院方全力救治，印会河脱离了生命危险。

印会河的女儿印螺说，中医总是坐着工作，缺乏活动，父亲又过于忙碌，没时间锻炼，再加上他好吃肥肉，喜欢喝酒，这些也是父亲生病的祸根；父亲对工作兢兢业业，对自己的生活却非常粗心，不注意调养，有了中风的先兆时也没放在心上。

印会河曾经治好过很多脑溢血后遗症患者，可他自己由于偏瘫后会厌软骨闭合不全，一喝液体就呛到肺里，以至于吞不下自己开的汤药，耽误了治疗的良机。

望着没有知觉的右半侧身体，盯着原来天天号脉、能写一手好字、现已不能动作的右手，印会河落泪了。自己还有很多事情要做，有很多力量可用呢！

生命只有一次，任何代价都不能换来；生活将我置于这般境地，我依然有能力让自己的内心快乐而充实……印会河是坚强的，他慢慢接受了现实。他心态平和，饭量不减。为了健康，他把白酒戒了，但中午还不时要喝上一小罐啤酒。除一日三餐和日常起居外，他把大部分时间用来看报纸，由于只能使用左手，他经常把报纸拿偏了，有时甚至拿反了，他还是那么津津有味地看。

虽然记忆力有所下降，他对自己的老本行却一直没有忘记，还能给人口授处方。在夫人的协助下，印会河在病榻上完成了《中医基础理论》教学参考书的主编工作，还出版了《印会河中医基础理论讲稿》。2010 年 1 月，《印会河中医内科新论》又与读者见面了。

印会河卧床十余年。在此期间，他以顽强的意志与疾病搏斗着。他几次从可以致命的窒息、肺炎等急症中恢复过来。这要归功于中日友好医院院领导对这个开院元老的特别关照，14楼高干东病房的医护人员十年如一日的悉心治疗，还有与他风雨同舟的夫人孙启基的尽心尽力支撑。

在休养期间，印会河迎来他的88岁生日。令他激动不已的是，在2009年1月6日举行的首都中医药发展大会上，北京市卫生局、北京市人事局、北京市中医管理局联合授予包括他在内的12人“首都国医名师”荣誉称号。2010年12月19日，在庆祝北京中医药学会成立60周年之际，印会河等36名中医被学会授予“中国·北京‘同仁堂杯’中医药工作六十年特殊贡献奖”。

虽说人生的历程丰富多彩，但有时却如碎片般难以拼接，其中的一些细节如日历翻过了然无痕。但是印会河一生耕耘杏林，其无怨无悔的奉献精神却铭刻在后人的心底。家乡拯救四邻有他成长的身影，四海游学历尽艰辛，南京中医学院编教材意气风发，北京中医学院建设挥洒汗水，十年身心磨难却矢志不移，中日友好医院建院排头兵……他把自己积累的经验和处方写在文章中、写在书籍里，毫无保留地供人借鉴……

国家和人民感谢印会河，感谢他一生奋战在医疗前沿，以勤奋、赤诚和高超的医术，挽起了一双双求助的手，为患者驱除病魔，使他们走向新生。

2012 年 1 月 10 日，印会河教授于北京逝世，享年 89 岁。

（撰稿人　宗　蕾）

《中华中医昆仑》丛书 150 位医家名录

（按生年排序）

张锡纯	丁甘仁	萧龙友	王朴诚	恽铁樵
曹炳章	冉雪峰	谢　观	施今墨	汪逢春
孔伯华	黄竹斋	吴佩衡	蒲辅周	陈邦贤
李翰卿	李斯炽	姚国美	陆渊雷	张泽生
时逸人	张梦侬	叶橘泉	王聘贤	陈慎吾
邹云翔	赵炳南	承淡安	余无言	刘惠民
岳美中	沈仲圭	秦伯未	赵锡武	韦文贵
程门雪	黄文东	赵心波	董廷瑶	吴考槃
章次公	石筱山	陆南山	张赞臣	李聪甫
刘绍武	陈存仁	朱仁康	陆瘦燕	姜春华
韩百灵	高仲山	李克绍	王鹏飞	刘春圃
金寿山	哈荔田	何世英	周凤梧	干祖望
关幼波	王为兰	任应秋	罗元恺	祝谌予
杨医亚	郭士魁	何时希	耿鉴庭	俞慎初

裘沛然	顾伯华	江育仁	邓铁涛	门纯德
刘渡舟	尚天裕	朱良春	李玉奇	程士德
尚志钧	赵绍琴	董建华	米伯让	李辅仁
张珍玉	班秀文	颜正华	于己百	颜德馨
路志正	方药中	王乐匋	黄星垣	谢海洲
余桂清	何　任	王子瑜	程莘农	陈彤云
焦树德	张作舟	张　琪	李寿山	张镜人
王绵之	方和谦	印会河	王玉川	蔡小荪
李振华	马继兴	王嘉麟	宋祚民	刘弼臣
王雪苔	刘志明	吴咸中	李今庸	任继学
裴学义	王宝恩	周霭祥	贺普仁	唐由之
赵冠英	许润三	金世元	陆广莘	刘柏龄
徐景藩	吉良晨	吴定寰	沈自尹	王孝涛
张灿玾	周仲瑛	强巴赤列	张代钊	李经纬
郭维淮	柴松岩	苏荣扎布	陈可冀	李济仁
夏桂成	郭子光	巴黑·玉素甫	张学文	陈介甫